CW01084629

Original title:

Flucht in die Wolken

Copyright © 2024 Swan Charm Publishing

All rights reserved.

Editor: Jessica Elisabeth Luik

Author: Aurelia Lende

ISBN HARDBACK: 978-9916-86-036-6

ISBN PAPERBACK: 978-9916-86-037-3

Versunkene Himmel

In der Tiefe leuchten Sterne,
verborgen hinter einer Wand,
fern von jeder irdischen Ferne,
glänzen sie im Traumland.

Nacht verschlingt das Tageslicht,
Schatten tanzen leis und scheu,
unterm Himmelsmeer ein Gedicht,
von verlorenem Glück, so neu.

Dort wo die Sehnsucht bebt,
zerfließt und wieder aufersteht,
sind Träume sanft verwebt,
mit dem, was niemand versteht.

Das Herz, es sucht die Ferne,
in den Tiefen dieser Welt,
sucht die funkelnden Sterne,
die niemand je erhellt.

Versunkene Himmel blinken,
im Dunkel tief verborgen,
sie lassen das Herz ertrinken,
in einem dunklen Morgen.

Stürmische Höhen

Auf den Gipfeln brausender Winde,
schreit die Seele laut und frei,
jenseits von Raum und von Stille,
bricht das Herz aus seinem Ei.

Die Wolken zieh'n wie Schwingen,
in einem tobenden Takt,
Echo helldunkler Gesänge,
wird im Sturm laut entfacht.

Ein Flüstern durch die Bäume,
braust mit dem Wind voran,
verweht die stillen Träume,
die man kaum fassen kann.

Im Sturm finden wir Stärke,
vom Himmel bis ins Meer,
doch erinnern sanfte Werke,
uns an das Herz so schwer.

Stürmische Höhen tragen,
uns durch die rauhen Zeiten,
von Sonnen Glanz und Fragen,
die uns stets begleiten.

Wolkenkissen

Im Morgenlicht so zart und rein,
Wie Watte, weich und weiß,
Beginnt der Himmel hell zu sein,
Ein Kissen voller Fleiß.

In Seide gehüllt, ganz sacht,
Verweilt der Traum so leise,
Die Wolken halten gute Nacht,
In himmlisch sanfter Reise.

Ein Hauch von Ferne und von Nähe,
Verschmelzen sanft und klar,
Die Wolken, wie die sanfte Spähe,
Sind stets dem Himmel nah.

Sie tragen Hoffnung, tragen Licht,
In Federbett-Gestalt,
Wolkenkissen - im Angesicht,
Der Träume sanfter Halt.

Fliegen ohne Ziel

Weite Flügel, Wind im Haar,
Hoch über dem Land,
Wir schweben leicht und wunderbar,
Im Niemandsland.

Kein Ziel fest im Blick,
Nur Freiheit unser Führer,
Ohne Zeit und ohne Takt,
Die Welt wird immer größer.

Das Herz so frei, der Geist so klar,
In Lüften ohne Schranken,
Das Leben schauen wir offen an,
Und keine Angst mehr kannten.

Im endlosen Blau finden wir,
Die stillen Augenblicke,
Fliegen ohne Ziel, Hand in Hand,
Im Himmel voll Geschicke.

Himmelstreppen

Stuf' um Stufe himmelwärts,
In lichtem Blau gefangen,
Erreich'n wir ruhig, ganz unbeirrt,
Die Wolken dort empfangen.

Der Sonne Strahlen weisen klar,
Den Weg, der endlos scheint,
Himmelstreppen, wunderbar,
Wo Raum und Zeit vereint.

Geführt von sanftem Himmelslicht,
Steigen wir immer weiter,
In Stille stimmt das Herz Gedicht,
Die Stimmung wird uns heiter.

Ein Pfad aus Traum und sanfter Ruh,
Zu Höhen, licht und weit,
Himmelstreppen, friedlich, wie im Nu,
In Ewigkeit bereit.

Hoch hinaus

Über Wolken, über Sterne,
Wo die Träume schweben,
Hoch hinaus in weite Ferne,
Dort beginnt das Leben.

Die Lüfte tragen uns empor,
Im Tanz der freien Weiten,
Über Berg und Tal, vor und hinter Tor,
Kann nichts uns je begleiten.

Mit Mut und Kraft und Zuversicht,
Erklimmen wir die Höhen,
Wo Vision und Wirklichkeit sich licht,
Und alles ist zu sehen.

Hoch hinaus in Himmelstor,
Wo Hoffnung Flügel trägt,
Erleben wir uns mehr und mehr,
Wo jede Angst vergeht.

Auf den Flügeln des Windes

Auf den Flügeln des Windes, so leicht und frei,
fliegen Gedanken, sie tragen mich weit.
Durch Wolkenmeer, vorbei an Zeit,
findet die Seele ihr stilles Geleit.

Wo Horizonte den Himmel berühren,
spinnen Träume ihren zarten Faden.
Unbekannte Welten, die tief mich fühlen,
brauchen keine Straßen, keine Pfade.

Ein Kuss der Freiheit, sanft und still,
verleiht mir Kraft und innigen Willen.
Auf den Flügeln des Windes, wohin ich will,
suche ich Frieden, finde ich Stille.

Luftige Träume

In luftigen Träumen, leicht wie ein Hauch,
schweben Gedanken, über Berg und Tal.
Keine Grenzen, kein Zeitstrahl,
ein zarter Wunsch erfüllt den Raum.

Die Sterne flüstern, erzählen mir Geschichten,
von fernen Welten und unbekannten Lichtern.
Im Reich der Fantasie kann nichts mich vernichten,
ich kann bauen und erfinden, so vieles berichten.

Jede Idee, ein kleines Wunder,
auf Flügeln des Windes, getragen durch die Nacht.
Kein Sturm zerstört, kein Donnerknall,
mein Traum bleibt lebendig, leuchtet hell und sacht.

Himmelswanderungen

Über den Wolken, hoch und rein,
ziehen die Sterne in stillem Schein.
Die Nacht lädt ein zum Wandersein,
auf Himmelswegen, in Frieden allein.

Sterne wie Pfeiler, der Weg so weit,
führen die Seele durch Dunkelheit.
In der Ferne, das Morgenlicht ruft bereit,
der Tag erwacht in sanfter Klarheit.

Die Milchstraße glitzert, so fern, so nah,
trägt mich zu Träumen, die ich einst sah.
Wanderungen im Himmel, so still und klar,
führen mich weiter, Jahr für Jahr.

Unsichtbare Pfade

Auf unsichtbaren Pfaden, leise und still,
schreitet die Seele, wohin sie will.
Keine Mauern, kein Hindernis,
trägt mich, führt mich, ins Paradies.

Die Welt voll Wunder, verborgen im Licht,
zeigt ihre Schönheit in jedem Gesicht.
Der Weg ist klar, zu sehen im Nichts,
ein leises Rufen, ein stilles Gericht.

Durch Wälder, Täler, über Fluss und Stein,
führt mich der Pfad, so klar, so rein.
Unsichtbar getragen, vom Wind allein,
findet die Seele ihr trautes Heim.

Luftfahrt der Träume

Über Wolken, weit und frei,
Steigen wir im Traum empor,
Phantasie entflieht dem Sein,
Hoch hinaus an Himmels Tor.

Flügel tragen, Herz erhellt,
Jeder Stern ein Glanz der Ferne,
Nachts, wenn Mond uns sanft erhellt,
Fliegen wir, als ob entkernen.

Winde flüstern, Lieder sacht,
Weltraum lockt mit stiller Pracht,
Schweben, gleiten durch die Nacht,
Träumerei in voller Macht.

Zurück bleibt Erd', die stumm,
Nur der Himmel, wild und weit,
Frei und schwerelos, so dumm,
Doch in Träumen ist kein Leid.

Höher und weiter

Aufwärts, immer höher steigen,
Kein Ziel zu fern, kein Weg zu weit,
Himmelreich in uns verzeihen,
Freiheit schenkt uns neue Zeit.

Wenn die Winde tragen Flügel,
Und die Seele leert sich leise,
Schreiten wir auf Himmels Hügel,
Jede Wolke, eine Reise.

Uferlos in blauen Weiten,
Ohne Schranken, ohne Band,
Schwingen wir in Herzenskreisen,
Und es löscht der Seele Brand.

Fern und fern, die Sterne rufen,
Doch die Erd' bleibt unser Grund,
Nur in Träumen können wir
Höher steigen, fliegen, rund.

Am Himmelsrand

Am Rand des Himmels, still und weit,
Schauen wir, was dort verborgen,
Sterne funkeln, klar und breit,
Grüßen sacht den neuen Morgen.

Farbenfroh und manchmal trüb,
Wolken ziehen sanft dahin,
In der Ferne Glanz verschiebt,
Sonnenstrahl auf ewigem Sinn.

Pause findet sich im Raum,
Zwischen Tag und nächtlich Gruß,
Träume wandern, ohne Zaum,
Ewig frei, in Himmels Fluss.

Am Himmelsrand, dort steigt empor,
Jeder Traum, den wir ersinnen,
Uber Sterne, durch das Tor,
Seele kann im Licht beginnen.

Windgeister

Düster weht der wilde Wind,
Geister flüstern durch die Nächte,
Sanfte Worte ohne Sind,
Berauschen uns, gleich einem Fluche.

Zweifel flattern, leise sacht,
Durch die Luft und durch die Zeit,
Niemals werden Geister sacht,
Doch im Traum sind wir befreit.

Wehen frei und grenzenlos,
Berge, Täler, Meere weit,
Windgeister, magisch und groß,
Führen uns zur Ewigkeit.

Leben, atmen, jedes Wort,
Trägt die Lüfte weit und breit,
Freiheit ist an jedem Ort,
Windgeister singen ohne Leid.

Traumhafte Schwingen

In nächtlichen Höhen
wo Sterne singen,
träumt das Herz
von sanften Schwingen.

Gedanken fliegen
im Wind verweht,
tragen das Sehnen
in die Ewigkeit.

Ein Hauch von Freiheit
in dunkler Nacht,
wird zur Melodie
mit zarter Macht.

Fliegen durch Träume
wo die Seele ruht,
finden die Schwingen
den süßen Mut.

In himmlischen Räumen
wo Frieden steigt,
wird das Herz
zu Flügeln geweiht.

Unsichtbarer Zauber

Versteckt und leise,
in stiller Pracht,
wirkt ein Zauber
in der dunklen Nacht.

Lichter flüstern
uns zu geheimen Dingen,
unsichtbar wehen
träumerische Schwingen.

Sterne tanzen
im unsichtbaren Kreis,
verströmen Magie
so klar und weiß.

Ein sanftes Flüstern,
ein heimlicher Blick,
die Nacht voll Zauber
in jedem Glück.

Wenn die Welten
sich leise vermischen,
schlagen Herzen
in magischen Zwischen.

Schwebende Realität

Zwischen Zeit und Raum
im stillen Schweben,
finden Träume
das wahre Leben.

Gedanken fließen
in Farben sacht,
schaffen Welten
in dunkler Nacht.

Schwebend leicht,
wo Träume sich wenden,
beginnt die Reise
nie zu enden.

Das Herz belebt
in schwebender Kunst,
erfüllt vom Sehnen
und süßer Gunst.

Zwischen Welten,
im luftigen Tanz,
fällt die Realität
in Sternenkranz.

Sphärische Flucht

Weit hinaus
überirdisch leicht,
trägt uns die Flucht
die Seele erreicht.

Klangsphären flüstern
von Freiheit sacht,
verweben das Herz
mit sternenklarer Macht.

Ein Schweben hinauf,
wo Sterne schweigen,
wird jede Sorge
in Licht verzweigen.

Davongetragen
in sphärischer Pracht,
findet das Herz
zurück zur Nacht.

In Welten entfliehend,
in Tönen von Licht,
findet die Seele
ihre wahre Sicht.

Verloren im Blau

Verloren im Blau, ein endloser Raum,
wo Wolken träumen und Sterne glühen.
In der Ferne ein echoloser Traum,
wo Himmel und Erde zärtlich verfließen.

Schwalben tanzen im sanften Wind,
durch die Lüfte, so frei und rein.
Ein Vogelschlag im Dämmerlicht,
führt meine Seele heimlich heim.

Die Wellen des Himmels tragen mich leise,
durch endlose Weiten, so wunderbar.
Verloren im Blau, auf heiliger Reise,
mein Herz, es fliegt, befreit und klar.

Himmelszwang

Unter dem Himmelszwang, so still und weich,
flüstert das Firmament uralte Lieder.
Die Sterne wenden sich hin im Reigen,
und wir, wir tanzen immer wieder.

Ein Licht durchdringt die dichten Schleier,
und Seelen werden freier, licht.
Im Sturm der Stille, im heiligen Feuer,
vergeht der Tag, doch nicht das Licht.

Mit Flügeln aus Glanz und Seelenkraft,
steigen wir empor ins Ewige.
Himmelszwang, der uns sanft umfasst,
wird unser Geist zum Allgehege.

Himmelwärts.

Die Sonne küsst das Morgengrau,
in Farben taucht der Himmel ein,
Mit Flügeln, die vom Lichte gebaut,
steigen wir empor, allein.

Wolken, die uns weich umarmen,
führen uns zum Horizont.
Im Traum von Freiheit, unverklärt,
schwebt unsere Seele, klar und prompt.

Die Sterne, sie sind unser Ziel,
himmelwärts, ins grenzenlose.
Unsere Reise findet Ruh und Spiel,
im Himmelblau, im Leblose.

Traumreise in den Himmel

In der Nacht die Träume fliegen,
dahin, wo Sterne ewig glühen.
Unsere Seelen sich verschwiegen,
ein leises Lied, sanft entschweben.

Durch die Sphären, still und weit,
ein Hauch von Unendlichkeit.
Die Ewigkeit in einem Blick,
führt uns durch den silbern' Tritt.

Licht und Schatten, Hand in Hand,
ein Tanz von Sternen und von Land.
Erweckt uns aus des Alltags Müß,
Traumreise in den Himmelsgruß.

Himmelsspiel

Am Firmament, so weit und klar,
ziehen Wolken still vorbei,
Strahlen brechen, wunderbar,
Malen Träume in den Mai.

Kinderlachen, Freudenschrei,
Wolkenburgen, Sonnenglanz,
Himmlisch Spiele, sorgenfrei,
Frühlingstanz im Engelskranz.

Möwen segeln sanft dahin,
Windesflüstern leis und sacht,
Seelen tanzen, reinen Sinn,
Nacht wird Tag und Tag zur Nacht.

Sterne blinken, Seelenwärme,
abends glitzert Himmelszelt,
Leuchtend Herzen, Träume schwärmen,
Lichtgestöber, Märchenwelt.

Wolkenmelodie

Wogen sanft am Himmelsblau,
ein Konzert aus Licht und Klang,
Flügel flüstern himmelgrau,
Sonne singt ihr Liebesbang.

Silberflöten, Lichtgesang,
Himmel öffnet sein Konzert,
Wolken tanzen, sanft und lang,
Melodie, die nie verweht.

Seelenlied, so zart und rein,
Bläue malt die Harmonie,
Wolkenwandern im Verein,
Himmelslied in Symphonie.

Abendgold in sanften Tönen,
Sonnenglanz in einem Hauch,
Melodieen, Herzversöhnen,
wogen sanft im Sternentauch.

Fliegender Wunsch

Ein Gedanke hoch empor,
Schweben Wünschen frei und leicht,
Hoffnung trägt den Traum davor,
Wolkenhimmel grenzenlos.

Segelspuren, Himmelsweiß,
Windgedichte zart gesponnen,
Jeder Funken, Hoffnung heiß,
Wünsche zieh'n, nie zerronnen.

Lichtes Federn, sanftes Wehn,
Fliegen hoch gen Sternenlicht,
Wünschgebete, leuchtend schön,
Hoffnungsstrahlen, Fernsichtricht.

Herzen zuckern, himmelweit,
Träume tragen Himmelsduft,
Flieg der Wunsch, in Ewigkeit,
Sterngefunkel, Himmelsluft.

Himmlischer Rausch

Sterne tanzen, himmelweit,
Lichtes Meer in Sternenmacht,
Seelen schweben, sachte Zeit,
nächtlicher Himmel zaubert Pracht.

Mond küsst sanft die Dunkelheit,
Lichter funkeln, reine Lust,
Wellentanz in Ewigkeit,
Herzen singen voller Wucht.

Nachtwind säuselt, Sterne flüstern,
Himmelswogen, sanft entfacht,
Leierklänge leise kichern,
Träumen kindlich, rein und sacht.

Zauber liegt in stillen Stunden,
Himmelsrausch in Sternenband,
Herz und Seele tief verbunden,
Himmelstraum in Liebeshand.

Geflügelte Sehnsucht

Hoch über den Wolken
im lichten Blau
träumt die Seele
von Fern und Grau.

Die Flügel der Träume
tragen mich weit,
wo Freiheit und Hoffen
mir sind stets geweiht.

Ganze Welten erkunde
in sanftem Flug,
über Täler und Berge
tausendfacher Zug.

In der Stille der Höhe
weht leis ein Ton,
der Sehnsucht Melodie
zur ewigen Sohn.

Vom Sonnenstrahl sei
mein Herz erhellt,
in seliger Ferne
auf Träumen wellen.

Himmelsreise

Durch das Sternenzelt
und Himmelslicht,
trägt mich die Reise
zum neuen Gedicht.

Schweben durch die Weiten
von Raum und Zeit,
unendliche Welten
ganz still und weit.

Der Himmel ruft leise
mit funkelndem Glanz,
ein Tanz aus Licht
und Sternenkranz.

Im Woge des Windes
fliegt der Gedanke,
zu fernen Gestaden
ohne Schranken.

Im Kosmos verborgen,
endet die Reise,
ein Traum in Sternen-
schweigen verweist.

Wolkenzittern

Wenn die Wolken zittern
am Himmelszelt,
erzählen sie leise
von einer fernen Welt.

Schweben durch den Äther
wie leichte Träume,
in der Unendlichkeit
des Weltenräume.

Ein wisperndes Klingen,
so zart und fein,
wohl verborgen
im Himmelschein.

Der Wind trägt die Worte
so weit hinaus,
ein ewiges Flüstern
aus Wolkenhaus.

Die Sehnsucht erblüht
im flüchtigen Licht,
wenn die Wolken zittern
im sanften Gedicht.

Luftschlösser

Baue Luftschlösser
im Himmel weit,
aus Träumen und Wünschen
in seliger Zeit.

Mauern aus Nebel,
Türen aus Licht,
Fenster aus Sehnsucht
den Fernblick verspricht.

Hier wohn' ich im Traum,
ohne Gewicht,
schwebe durch Räume
voll Zauber und Sicht.

Die Winde erzählen
vom Leben dort,
in den Palästen aus Luft
an jenem Ort.

Hinein in die Wolken,
wo Freiheit singt,
das Luftschloss erbaut,
die Seele schwingt.

Wege ins Unbekannte

Durch Wälder dicht und dunkel,
die Schritte leis' und zag,
es rauscht in alten Blättern,
ein Weg aus längst vergangnem Tag.

Der Himmel zeigt sein Silber,
die Sterne blinken sacht,
ein Pfad führt durch das Niemandsland,
nur Stille in der Finsternis wacht.

Die Bäume flüstern leise,
von Geschichten, lang und alt,
das Unbekannte ruft uns,
lässt uns nicht kalt.

Mut braucht es zum Gehen,
den Ungewissen Pfad,
doch wo das Herz uns leitet,
dort wirft es seinen Schatten ab.

Am Ende dieser Reise,
steht keine Karte bereit,
nur die Hoffnung im Herzen,
führt uns zur Ewigkeit.

Träume aus Dunst

Im Nebel sich verlieren,
der Traum ein leises Wort,
verblasst in grauen Schleiern,
entführt mich fort.

Gespensterhafte Szenerie,
aus Wolken und Geflecht,
die Träume weben Bilder,
die Zeit scheint hier nur schlecht.

Ein Tanz aus Licht und Schatten,
aus Nebel wird Gestalt,
die Träume sind wie Flüsse,
sie gleiten sacht wie Wald.

Inmitten dieser Träume,
verhüllt von sanftem Glanz,
verliere ich den Boden,
gebe mich dem schwachen Kranz.

Bis die Dämmerung mich weckt,
der Dunst zerfällt als Rauch,
zurück bleibt nur die Sehnsucht,
die in der Seele taucht.

Fernweh und Wind

Der Wind erzählt Geschichten,
von Orten weit und fern,
vom Meer und seinen Wellen,
von Sternen, die nicht fern.

Er ruft in meinem Herzen,
die Sehnsucht, die sich wehrt,
ein Fernweh tief im Innern,
das keinen Anker ehrt.

Ich sehe ferne Länder,
die Winde tragen fort,
mein Herz, es möchte reisen,
an jedem fernen Ort.

Und wenn die Nächte kommen,
der Wind wird zum Gericht,
erzählt von fernen Ufern,
und Hoffnung, die er spricht.

Am Ende meiner Träume,
ruft leise mein Verstand,
doch folgt das Herz dem Winde,
ins ferne, fremde Land.

Luftige Verlockung

Das Lüftchen zart und duftig,
streift sanft mein Angesicht,
es flüstert leise Worte,
verlockend, ich erlieg' der Sicht.

Es trägt den Duft der Ferne,
die Ahnung im Gewand,
von Wiesen und von Feldern,
aus einem fernen Land.

Die Lüfte, sie umgarnen,
mein Herz, das schwebend singt,
verlockend ihre Klänge,
die Freiheit in sich bringt.

Wo immer es mich hinzieht,
ich folge diesem Hauch,
bis alle Zweifel schwinden,
vertraue diesem Brauch.

Und so erhebt mich Lüfte,
empor in Welten frei,
auf Schwingen der Verlockung,
flieg' ich der Freiheit rei.

Über die Dämmerung hinaus

Wenn der Tag sich neigt und Sterne glühen,
Sanfte Schatten durch die Gassen ziehen.
Ein zarter Schleier hullt die Welt,
Die Nacht sich über Träume stellt.

Ein Funken Hoffnung in der Ferne,
Wo leuchtend strahlt die ewige Sterne.
Der Himmel öffnet weit sein Tor,
Die Dämmerung geht, der Nacht empor.

Die Ruhe kehrt in Herzen ein,
Ein Seufzer weht durch den fried'gen Hain.
In jenem Augenblick der Stille,
Erwacht das Sehnen nach dem Willen.

Unter dem Mond, so silberweiß,
Schwingt sich die Zeit, wie weicher Reis.
Durch Dämmerung hinaus wir schreiten,
Und neue Welten uns begleiten.

Fliegende Schwerelosigkeit

Ein Traum von Leichtigkeit und Schweben,
Zum Himmelsbogen wollen streben.
Im Blau des Äthers, so unendlich,
Schwingen wir, so frei und königlich.

Wind trägt uns über Fluss und Tal,
Ein Tanz im Raum, ein freier Strahl.
Kein Boden hält, kein Maß begrenzt,
Nur Geist der Freiheit uns ergänzt.

Der Welten Ozean uns wiegt,
Die Schwere unserer Jahre fliegt.
Ein Hauch von Ewigkeit berührt,
Die Seele gern zum Licht verführt.

Komm, tauche ein in dieses Spiel,
Wo Flügel uns're Träume kühr'n.
Schwerelosigkeit uns trägt,
Und jeden stillen Wunsch bewegt.

HimmelsPoesie

Im Blau des Himmels, Gedichte stehen,
Von Winden sanft dahin verwehen.
Die Wolken zeichnen Zeilen klar,
In Poesie ganz wunderbar.

Ein Vogelsang, ein leises Zwiegen,
Das Lied des Alls in sanftem Wiegen.
Ein Reigen Töne, Sternenglanz,
Erwacht im Himmel, Sternentanz.

Gedanken fliegen, aufwärts schweben,
Im Lichte sich die Träume heben.
Die Poesie des Himmelszelt,
Ein Spiegel, der das Herz erhellt.

So lausche still, der Weite Lied,
Verzweigt in uns're Seelen zieht.
Und findet dort, im inneren Raum,
Die zarte Poesie, den Traum.

Verborgener Himmel

Geheimnisvoll, der Wolkenschleier,
Verborgen birgt er Wunder, heiter.
Ein Himmel, den das Auge nicht
Im ersten Blick erfasst, so licht.

Die Träume weben dort Geschichten,
Von Fern und Nah, in tausend Schichten.
Ein Sehnen steigt, ein stiller Klang,
Nach jenem Ort, wo Freiheit sang.

Verloren in das Blaumeerblick,
Verwoben sind die Sterne geschickt.
Ein Raum, der alle Zeit durchdringt,
In dem der Seele Ruf erklingt.

Komm, halt inne, spür dies Schweigen,
Den Himmel hinter Wolken zeigen.
Ein Universum, nah und fern,
Verborg'ner Himmel, Stern' en Berg.

Fliegende Flucht

Wolken ziehen, fern und weit
Flügel schlagen, Zeit verweht
Himmelswege, sanft und breit
Sehnsucht, die im Wind besteht

Leichtes Gleiten, ohne Rast
Ferne ruft, die Sinne klar
Sturm und Frieden hält uns fast
Freiheit ist uns ewig nah

Sterne funkeln, Nacht erstrahlt
Mondlicht malt ein stilles Bild
Hoffnung, die uns lang umstrahlt
Wünsche fliegen, ungestillt

Endlose Reise, Sehnsucht brennt
Kein Zurück, nur Flug hinaus
Seelenflug, der uns erkennt
Leben gibt den letzten Schmaus

Im Wind verweht, die Zeit vergeht
Grenzenlos, der Himmel weit
Flug und Traum, uns stets bewegt
Freiheit schenkt uns Ewigkeit

Schwimmende Träume

Meeresrauschen, sanft und klar
Wellen tragen, Träume leicht
Ferne Ufer, ganz und gar
Hoffnung, die das Herz erreicht

Salz'ger Wind, ein leises Lied
Freiheit tanzt in jedem Zug
Wogen, die uns friedlich wiegt
Wasser schließt den stillen Flug

Tief im Blau, die Stille weint
Fische ziehen durch das Licht
Glitzerndes, das uns vereint
Ewig bleibt die stille Pflicht

Unter Wasser, ohne Hast
Träume schwimmen, sachte fort
Jede Freude hat ihr Gast
Wellen sind der leise Hort

Schaum und Glanz im Meer entdeckt
Weite fließt, so ungestört
Traum und Flucht sind schön versteckt
Nichts hat je den Traum zerstört

Freiheit in Weiß

Winterwelt, die Flocken weht
Schneegeflüster, zart und rein
Freiheit, die durch Lüfte geht
Weiß, so klar im Sonnenschein

Berg und Tal, im Kleid aus Weiß
Kälte küsst das glatte Land
Keine Mühe, keine Fleiß
Sanft und ruhig, still die Hand

Hauch der Freiheit, leicht und zart
Jeder Schritt ein stiller Traum
Kälte macht das Leben zart
Freiheit wächst auf jedem Baum

Spuren zieht der frische Schnee
Formen, die die Zeit besiegt
Weite sät das leise Weh
Hoffnung, die uns tief beflügelt

Weißer Himmel, weiße Welt
Freiheit tanzt im kühlen Kleid
None Natur sich still erhellt
Wunder, die die Zeit verleiht

Nebelfelder

Dunkles Land im Nebelmeer
Geisterhaft die Welt versteckt
Schritte hallen, dicht und schwer
Schatten ziehen unentdeckt

Hauch'ge Schleier, milder Schein
Stille raubt die klare Sicht
Felder schweigen, weit und rein
Nebel webt ein weiches Licht

Ferner Ruf im Nebelgrau
Niemand hört und niemand sieht
Tränen gleiten, still und lau
Weite, die den Geist umfriedet

Zwischen Welten, ohne Hast
Findet sich die reine Ruh
Zeit verliert das letzte Rast
Alles wird zur stillen Flut

Nebel löst, was uns beschwert
Felder bleiben, ewig leer
Jeder Traum ins Weite fährt
Seelen wandern, fort und quer

Himmelsegmente

Im Blau des Himmels, grenzenlos und weit,
Zerschneiden Vögel sanft die Zeit.
Wolken tanzen, sanft und rein,
Farbige Splitt, Himmels Mosaik fein.

Sonnenstrahlen flüstern leis,
Segeln durch das Luftgehäus.
Sterne funkeln in der Nacht,
Leuchten durch die dunkle Pracht.

Teilen ferne Weiten klar,
Jedes Teilchen wunderbar.
Nächte kühl und Tage warm,
Himmelssegen, hold dich arm.

Bläht sich auf das Wolkenmeer,
Löst sich auf im Dunst nicht schwer.
Regenbogen spannen Brücken,
Zu was Träume uns entzücken.

Schwebe frei und ungebunden,
Find in Himmelsstücken Wunden.
Himmelssegmente, wild und klar,
In Schichten zeigt sich's wunderbar.

Luftpfade

Luftiger Pfad, unsichtbar gebaut,
Zeigt uns Wege, wunderbar vertraut.
Leichte Brisen, Nachtwind warm,
Umarmen uns im stillen Charme.

Vögel gleiten durch das Nichts,
Flättern frei, ihr Himmelslicht.
Schattenbilder auf dem Grund,
Luftgefahren, ohne Rund.

Federleicht und schwerelos,
Tanzen Lüfte endlos groß.
Stürme tobend, Wilde Fahrt,
Zartes Wehen, Himmelsart.

Flechten Wege durch das Blau,
Traumhaft schön und wunderbar.
Luftpfade tragen leicht und schnell,
Von den Wolken, sanft und hell.

Höhenflüge, tiefes Bangen,
Zarte Lüfte, ferngegangen.
In den Pfaden, still und klar,
Spüren wir des Lebens Schar.

Gipfel der Gedanken

Hoch hinaus, zu Bergesspitzen,
Gedanken frei, die Seele blitzen.
Weit entfernt vom Alltagsschall,
Gedanken klar, gefiltert Hall.

Wind umspielt die Felsen fest,
Gedanken schweben, unbefest.
Weitblick bringt uns neue Sicht,
Höhenluft, des Geistes Licht.

Tief und klar im Innern spüren,
Höhenflüge sanft verführen.
Gipfel weise, stolz und kühn,
Gedanken frei, die Herzen blühn.

Wolkenberge, Traumgespinste,
Gedankenferne, inster Linste.
Erleuchtend hoher Geist im Freund,
Bergklang, der Gedanken keimt.

Gipfel, die das Herz beleben,
Grenzenlos im Geistesstreben.
Erfüllen uns mit neuem Fühlen,
Gedankenpfade hier erkühlen.

Grenzenloses Schweben

Leichtigkeit im sanften Spiel,
Grenzenlos und doch so viel.
Luftig, frei und ungehindert,
Schweben, gleiten, Zauber bildet.

Kein Gewicht, das uns beschwert,
Seelenflug im All verwehrt.
Aufgestiegen, leicht und fein,
Frei von Zwängen, löst sich's ein.

Wolkenwelten, himmelsfern,
Schweben, was wir bei uns gern.
Losgelöst und ungestört,
Freiheit, die die Luft gehört.

Tiefsinn in das Nichts gesenkt,
Schwebezart den Duft verschenkt.
Zwischen Welten, fern vereint,
Grenzenlos die Seele meint.

Schwebend leicht im All so weit,
Grenzenlos in Raum und Zeit.
Seelenflug und Herz vereint,
Schwebend los, die Welt gemeint.

Freiheit in Blau

Weite Wellen in tiefem Blau
rufen leise nach mir her,
ziehen fort, ich folge schnell
und fühle Freiheit, grenzenlos.

Der Horizont, er winkt herbei,
verspricht die Welt, so groß und weit.
Ein Segelschiff, ich steige ein,
suche Freiheit, unendlich frei.

Wellen tragen mich zum Glück,
diehende Abenteuergeschichten.
Freiheit ruft und ich entscheide,
in das Blau, nun fahre ich weiter.

Vögel singen, Wolken fliehen,
Fortsetzung einer Reise.
Vor mir öffnet sich das Meer,
Größe und Freiheit nur ein Hauch.

Im Blau der See, ein Segelschiff,
Wind und Weite, Freiheit pur.
Segel gespannt, Kurs gesetzt,
wohin die Freiheit uns führt, da geh' ich hin.

Zwischen Himmel und Traum

Ein Hauch von Sternenstaub,
ein Flüstern in der Nacht,
irgendwo zwischen Himmel und Traum
erwacht ein sanftes Licht.

Wolkenschlösser, schwebend leicht,
sieh' sie am Himmelsrand.
Doch Traum und Wirklichkeit vereint,
in meinem Herzen, ungetrennt.

Der Mond, er lächelt sanft herab,
umspielt von Sternen, die funkeln klar.
In der Stille finde ich den Frieden,
zwischen Himmel und Traum.

Die Nacht erzählt von fernen Welten,
wo Träume ewig leben.
Ein stilles Flüstern, sanfter Hauch,
ihm folge ich in Gedanken frei.

Zwischen Sternen und Wolken,
ein Tanz der Träume, leicht und sacht.
Hier wo Himmel und Traum sich finden,
bin ich gefangen, voller Pracht.

Sehnsucht im Wind

Der Wind, er spricht zu mir,
ein Flüstern und ein Rufen.
Weite, Freiheit, fernes Land,
bin gefangen im Moment.

Sehnsucht zieht durch Herz und Seel,
berührt den Geist, der sehnt so sehr.
Fernes Land, du heller Stern,
mein Herz dir folgt, so nah, so fern.

Der Wind, er bringt Geschichten,
von fernen Welten, golden Licht.
Mit jedem Atemzug, so klar,
schweife ich hin, den Träumen nah.

Blätter tanzen, Wellen wehn,
Sehnsucht, sie trägt mich fort.
Ein fernes Land, so schön und frei,
vor Augen ich das Ziel, so klar.

Der Wind, er singt ein Lied,
von Sehnsucht tief und rein.
Er trägt mich fort, zu neuen Ufern,
die meine traumerfüllten Wünsche finden.

Hochfliegende Träume

Träume fliegen hoch hinaus,
über Wolken, himmelweit.
Von den Sternen, fern und klar,
erzählen sie von fernem Glück.

Gedanken leicht wie Federn schweben,
durch die Lüfte hoch empor.
Die Wirklichkeit bleibt unten tief,
ich flieg' den Träumen nach, so leicht.

Hoch oben in den Himmeln klar,
Träume winden durch die Nacht.
Sterne leuchten, führen heim,
ohne Grenzen, heben ab.

Der Wind, er trägt sie hoch empor,
zu neuen Welten, ungewöhnlich.
Frei und leicht im Fluge siegen,
Träume, ohne Sorgen, leicht.

In der klaren, stillen Nacht,
erklingen Lieder von den Sternen.
Hochfliegende Träume, rein und frei,
begleiten mich auf meiner Reise.

Höhen der Hoffnung

Über weiten Wiesen, sanft und grün,
Streift der Wind, so leicht und kühn,
Fliegen Träume, hoch und frei,
In den endlosen Himmelsbrei.

Gebirge ragend, Gipfel nah,
Zeigen Wege, wunderbar.
Hoffnung wächst, erreicht die Höh'n,
Fern der Sorgen, fern dem Weh'n.

Im Licht des Morgens, golden rein,
Spiegelt sich der Sonnenschein.
Herzen froh und Augen klar,
Die Zukunft scheint uns wunderbar.

Durchs Tal der Schatten, tief verborgen,
Trägt die Hoffnung heut und morgen.
Hinauf zur Höhe, ohne Zagen,
Auf den Flügeln vieler Tagen.

So schreiten wir, die Stirn erhoben,
Über Höhen, unerschrocken.
Hoffnung fliegt, wie Vögel ziehen,
In der Ferne, in den Blühen.

Verborgene Täler des Himmels

In den Wolken, sanft verborgen,
Ruhen Träume still und Sorgen.
Täler tief im Himmel weit,
Finden Seelen stillen Halt.

Schweben leise, ohne Eile,
Tauchen ein in stille Weile.
Sonnenstrahlen brechen sacht,
Geben Licht in dunkler Nacht.

Winde flüstern, leise singen,
Lieder, die die Herzen bringen.
Himmel, der sich weit entfaltet,
Birgt das Glück, das uns begleitet.

Wälder hoch und Täler tief,
Schützen, was das Herz uns rief.
In den Himmelsschleiern drin,
Liegt des Lebens tiefer Sinn.

In der Stille, brausend lind,
Findet Herz sein Ewigkind.
Täler tief und weite Seen,
Wo die Seelen sich verstehen.

Jenseits der Grenzen

Hinter Mauern, hoch und stark,
Liegt ein Land, das ich erfrag,
Grenzenlos und frei der Seele,
Wo die Träume sanft sich stehlen.

Stürme tosend, ferne Welten,
Segeln wir auf Himmelszelten.
Wollen Wünsche sanft berühren,
Und die Hoffnung neu entführen.

Jenseits dessen, was wir spüren,
Liegen Sphären, die verführen.
Suchen wir, in Weiten groß,
Freiheit, rein und grenzenlos.

Horizonte, die sich neigen,
Zeigen Wege, die uns zeigen.
Über Gipfel, durch die Zeit,
Jenseits der Grenzen, weit und breit.

Fliegen dort, wo Träume walten,
In den Himmeln ohne Halten.
Grenzenlos in Ewigkeit,
Mit der Seele Hand in Hand.

Wolkenkönigreich

Über Städte, graues Land,
Breitet sich das Wolkensand.
Reich der Träume, hoch im Licht,
Wo das Herz die Freiheit spricht.

Blauer Himmel, endlos weit,
Trägt die Seele, sanft befreit.
Wolken, die wie Schlösser ziehen,
Laden ein, dort zu verfliehen.

Könige und Königinnen,
Herrschen dort in sanften Sinnen.
Schweben hoch in desto Ruh,
Und der Zeit entrinnen so.

Felder weit und Wälder hoch,
Leuchten, was das Herz noch sucht.
Wolkenreich, so himmelklar,
Für die Träume sonderbar.

Lassen fließen, durch die Hände,
Zeit und Raum, in weite Strände.
Wo die Wolken für uns steh'n,
Königreich, dort wolkenfroh.

Schattenlos

Wo ohne Schatten blühen Seelen,
In einer Welt von Licht durchwebt,
Da tanzen Geisterkreise heiter,
Ein Traum, der ewig lebt.

Kein Dunkel mehr, kein trübes Schweigen,
Nur Helligkeit in lichtem Raum,
Die Schatten fliehen in die Ferne,
Kein Schatten stört den Traum.

Lichtfluren weben Gold in Wellen,
Ein Teppich, gewebt vom Sonnenstrahl,
Wo Farben tanzen in dem Äther,
Im lichten Himmelsaal.

Wir wandeln frei in lichten Hallen,
Vom Glanz der Sterne kühn erhellt,
In einem Reich so blendend strahlend,
Wo Schatten ruh'n, gefällt.

Oh lichtes Land, dein reines Strahlen,
Es leuchtet ewig, frei und klar,
Ein Ort, wo Schatten keinen Platz,
Nur Licht, so wunderbar.

Himmelsbrücken

Hoch oben in des Himmels Weiten,
Wo Wolken Brücken bauen leicht,
Da überspann'n sie Horizonte,
Die Himmelsnacht erhellt und reicht.

Vom Himmel bis zur Erde nieder,
Eine Brücke aus dem Licht gewoben,
Sie trägt die Sehnsucht uns'rer Träume,
Und führt uns aufwärts, sternenoben.

In schillernd bunten Regenbögen,
Zieht sich der Weg durch Wolken weit,
Die Himmelsbrücken, sie verlocken,
Zu fernen Welten, himmelbreit.

Wo sanfte Winde leise flüstern,
Von Orten, fern der Menschheit Zwang,
Dort gehen wir auf Himmelsbrücken,
Zu Freiheit's Lied, ein heller Klang.

Durch Nebel hindurch, in die Ferne,
Erheben wir uns, leicht und frei,
Auf Himmelsbrücken, die so zart,
Begleiten uns durch Raum und Zeit.

Blauer Horizont

Ein blauer Horizont zieht leise,
Wohin das Auge traut sich wagen,
Dort, wo des Himmels Weite ruht,
Und Wolken sanft im Wind sich tragen.

Ein Hauch von Ewigkeit im Blicke,
Wo Himmel und Meer sich flüssig küssen,
Der Horizont so voller Träume,
Von Freiheit reiner, kaum zu fassen.

Im weiten Blau, des Ozeans Glanz,
Die Sehnsucht endlos schwebt dahin,
Ein Band aus Luft und Wasserwellen,
Vereint im strahlenden Beginn.

Da scheint der Horizont zu rufen,
Mit sanfter Stimme, leis und sacht,
Er lockt uns fort, hinaus ins Weite,
Bis hin zur blauen Sternennacht.

Verwoben mit dem Blau der Tiefe,
Die Ferne strahlt, so rein, so klar,
Blauer Horizont, du bist der Traum,
In einer Welt, so wunderbar.

Windspiele

Im Spiel der Winde tanzend leicht,
Schwingen die Töne, luftig frei,
Geflüster von den Blättern zart,
Ein Spiel, das Freude bringt herbei.

Die Luft, sie trägt das Lied der Ferne,
Ein Flüstern durch die Bäume hallt,
Das Lied aus nichts, wie sanfte Sterne,
Im Wind, der durch die Stimmen wallt.

Ein Klangspiel, das die Seele hebt,
Getragen durch die Wogen Luft,
Wo schwirren Töne leise singen,
Ein Hauch von Freiheit, fein geduft.

Die Zweige wiegen, sacht und leise,
Im Tanz, der von dem Wind geführt,
Ein Spiel von Lüften, helle Reise,
Ein Rausch, der uns ins Nichts entführt.

Oh Windspiel, deines Klanges Reigen,
Erfüllt die Welt mit heitrem Glanz,
Ein Schellen, Zarteheit verbindend,
Im winddurchwob'nen, leichten Tanz.

Wolkenschatten

Über das Feld in sanfter Weise
zieht der Schatten leis und sacht.
Wolken tanzen, still und leise,
in der Abenddämmerung Pracht.

Der Himmel trägt ein graues Kleid,
Winde flüstern durch die Bäume.
In der Ferne scheint die Zeit,
fließend wie des Flusses Schäume.

Schattenspiele auf dem Wege,
wo die Sonne kaum noch scheint.
Nächtliche Stille, sanfte Pflege,
die des Tages Glut vereint.

Durch die Wolken bricht ein Strahl,
Wege auffindend im Dunkel.
In dem kühlenden Lichtgemal,
waltet Himmelssinn und Munkel.

Luftiges Hymnen

Durch die Lüfte, hoch erhaben,
schwebt ein Lied aus weiter Ferne.
Wo die Windesweisen traben,
leuchtreichen gleich den Himmelssterne.

Töne klingen, wie von Engeln,
durch die Wolken sanft getragen.
Träume sich im Windsang mengen,
Antworten auf tausend Fragen.

Milde Schwingen, Nacht entwichen,
tragen Hymnen durch die Weiten.
Windenglanz gar himmlisch richtend,
einzig um das Herz zu weiten.

Luftstück bringt der Morgenhauch,
hüllt die Welt in sanften Zauber.
Durch die Lüfte, neugefacht,
sendet Hymnen zart und sauber.

Geheimnis der Höhe

In den Höhen, weit und endlos,
liegt verborgen wahre Pracht.
Himmel, tief und sternenreich,
strahlen in der stillen Nacht.

Über Berge, Wolkenthrone,
gleiten Schatten, suchend Ruh.
Wo das Licht des Mondes wohne,
fällt auf Felder nächt'ger Tau.

Höhen streben, stürmend, wildend,
fragen, was die Welt verbarg.
Flügel singen, frei und findend,
über Sternenherz und Mark.

Leisen Weg zu Himmels Toren,
trägt die Sehnsucht hoch empor.
Wo der weite Blick geboren,
erwacht das Herz im Nachtchor.

Traumhauch

Nächt'ger Traum durch Finsternis,
leise flügel wehen fein.
In der stillen Dunkelheit,
wo die Lüfte sanft verzeihn.

Sterne funkeln, Träume treiben,
flüstern leis' durchs Wolkenmeer.
Hauch der Nacht, so sanft und stumm,
trägt die Wünsche weit umher.

In dem Mondlicht leise Schatten,
flüchtig gleiten durch die Zeit.
Träumerisch im Traum verharren,
bis der Morgen neu gedeiht.

Sanfter Hauch, des Traums vernommen,
weht durchs Herz und durch den Geist.
Wo die sternklare Nacht entglimmen,
wird ein neues Licht geheißt.

Jenseits der Erde

Hinter den Bergen, breit und weit,
Winkt eine Welt, in Ewigkeit.
Sterne glühen in der Ferne,
Träumen, die wir Lichtfalter nennen.

Weit entfernt von ird'schen Sorgen,
Brennt ein Licht im fernen Morgen.
Friede wandelt durch die Weiten,
Führt uns sanft durch Raum und Zeiten.

Wo Galaxien sich entfalten,
Seelen aneinanderhalten.
Lichtjahre fliehen vor der Zeit,
Hoffnung wird zur Wirklichkeit.

Jenseits aller Schranken schweben,
Können wir die Freiheit leben.
Träumen legt uns neue Spuren,
Hoffnung wird uns stets entführen.

Kosmos sacht uns in die Arme schließt,
Sterne tanzen, Himmelslicht gießt.
Weit entfernt von Erde's Grau,
Finden wir den Schatz im Blau.

Schweben und Staunen

Im endlos Raum, so grenzenlos,
Schweben, fühlen, sorglos groß.
Sterne funkeln, Lichtgewebe,
Über uns ein Himmelslebe.

Staunen über Ferne Orte,
Die kein Mensch verhüllt durch Worte.
Planeten tanzen, leicht und leis,
Kosmisch wirbeln, voller Fleiß.

Einmal schwerelos zu schweben,
Kurz vergessen, Erdendasein.
Mit dem Wind und Licht zu leben,
Frei zu sein im Himmelsheim.

Kometen malen bunte Streifen,
Seelen aneinander reifen.
Leuchtend Farben, unbeschwert,
Träumerisch berührt, verklärt.

Endlos weiten uns umfangen,
Träume, die nach Sternen langen.
Lauschen leise Weltenanklang,
Ewig schweben, voll Gesang.

Sanfte Brisen

Sanfte Brisen kämmen Wellen,
Flüstern leis in einer Fern.
Lassen Träume sich entfalten,
Wie ein zarter Sternenschwarm.

Wolken segeln durch die Lüfte,
Malen Bilder in dem Blau.
Halten träumend an den Düften,
Die des Himmels Ferne kau.

Wind, der spielt mit Blumensaiten,
Blätter tanzen im Refrain.
Wie die Zeit in sanften Weiten,
Führt uns stille Wälderplan.

Liebend greifen uns die Winde,
Führen sanft durch Leib und Herz.
Klingen rein wie Kinderlieder,
Heilen still des Lebens Schmerz.

Sanfte Brisen tragen Seelen,
Doch in sanftem Gleichgewicht.
Wie ein Wiegenlied erzählen,
Von dem lebenszarten Licht.

Auf Wolken gebettet

Auf Wolken weich wir ruhen,
Lassen Sorgen im Nu verfließen.
Sterne in der Ferne glühen,
Wie Träume, die uns erschließen.

Sanft umarmt uns Himmelsweben,
Küsse, die vom Himmel fallen.
Leicht und sorglos, leise schweben,
Wo ein Frieden wird uns gefallen.

Federleicht wir durch das Wogen,
Fliegen, endlos, keiner pein.
Lassen Träume sich entborgen,
Herzen ruhen leis und rein.

Klimpern leis die Sternensaiten,
Himmel tanzt in Harmonie.
Seelen längst in tiefen Weiten,
Tragen Liebe, fernen Wie.

Glitzernd Wolkenbett umschlingen,
Stützen uns im Himmelslicht.
Friedvoll Sterne uns besingen,
Wachen wir im Traumgewicht.

Höhenangst

Ich stehe dicht am Abgrundrand,
Der Wind umspielt mein Haar,
Die Tiefe ruft aus fernem Land,
Doch bleib ich lieber da.

Mein Herz schlägt wild, die Knie weich,
Der Himmel scheint so nah,
Der Boden fern und mir nicht gleich,
Ich träume von Gefahr.

Die Berge hoch, die Höhen klar,
Doch Bodenhaftung fehlt,
Ich seh' das Tal, so wunderbar,
Doch bin ich hier gesellt.

Ich schließe kurz die Augen zu,
Ein Schwindel fasst mich ein,
Doch bleib ich standhaft, ohne Ruh,
Will frei, doch sicher sein.

Im Abgrund winkt ein dunkles Meer,
Der Horizont so weit,
Ich fühl mich klein und doch so schwer,
In grenzenloser Zeit.

Wolkenheimat

Die Wolken zieh'n in sanftem Tanz,
Durch weite Himmelshöhn,
In ihrer weichen, weißen Glanz,
Mag' ich das Leben sehn.

Ein Wolkenschloss am Himmelssaum,
Aus Träumen ist es fein,
Im Schlaf durchquert man seinen Raum,
Kann dort ganz glücklich sein.

Der Nebel hebt den Schleier sacht,
Ein Hauch von Ewigkeit,
Die Wolken tragen uns bei Nacht
Ins Land der Zärtlichkeit.

Den Wolken folge ich im Traum,
Zum Sternenheiligtum,
Im Wolkenheimat, sanftem Raum,
Find' ich den Frieden drum.

In endlos weiter Himmelsruh,
Die Wolken meinet Herz,
Sie flüstern leis, „Vergiss uns nie,
Wir bannen allen Schmerz."

Luftschlösser

Ein Schloss aus Luft und sanfter Hand,
Gebaut in Tag und Nacht,
Erhebt sich hoch aus Lebenssand,
Von Hoffnungen bewacht.

Die Träume stehn in jeder Wand,
Von Märchen stets umhüllt,
Ein jeder Raum, ein Zauberland,
Von Phantasie erfüllt.

Ein Flüstern weht durch jeden Saal,
Von Freiheit, Licht und Mut,
Und jeder Traum, so golden schmal,
Verleiht der Seele Blut.

Die Luftschlösser so filigran,
Im Herzen fest verankert,
Sie leuchten hell und tragen dann,
Ein Glück, das nie versankert.

Da steh ich still im Luftgemach,
Schau auf das weite Grauen,
Doch find ich hier im Traumennach,
Mein Sehnen und mein Trauen.

Im Blauen begraben

Im blauen Meer der Träume tief,
Dort ruhe ich in Frieden,
Wo keine Sorg' und keine Schlafen,
Von Himmel reich beschieden.

Die Wellen tragen sanft mich fort,
Zu Inseln ferner Sterne,
In diesem stillen Traumkomfort,
Such ich des Lebens Kerne.

Tauch ich hinab, ins Blau versenkt,
Die Zeit wird so verschwommen,
Die Himmelstiefe, lichtgeschenkt,
Hat Raum und Welt genommen.

Im blauen Meer, die Freiheit naht,
Wo Träume Harmonie,
Vom Leben müde, still vergraben,
Find ich hier Melodie.

Im Blauen ruht mein Sehnen fein,
Ein Stern, des Nachts erwacht,
Die blaue Tiefe mein daheim,
Hat Frieden mir gebracht.

Frei wie der Himmel

Im Blau, das sich erstreckt, so weit,
Wo Träume fliegen, leicht und frei,
Jenseits von Sorgen und der Zeit,
Ein Himmel, der uns still befreit.

Wolken tanzen, weiß und rein,
Sternenstaub im klaren Schein,
Eine Welt, die wir ertasten,
Wo wir uns dem Wind anpassen.

Vögel singen leise Lieder,
In den Höhen, immer wieder,
Freiheit, die uns tief berührt,
Und unser Herz sanft verführt.

Hoffnung wächst, wo Licht sich bricht,
In der Ferne schwindet nicht,
Ein Traum, der uns verweilen lässt,
Im Himmel, der uns sanft bemessen.

Freiheit, die der Himmel schenkt,
Unsere Herzen fest verankert,
Ewigkeit im blauen Meer,
Und fliegen wir, so leicht und schwer.

Jenseits der Horizonte

Jenseits der Horizonte fern,
Wo Sterne strahlen, Ost nach West,
Träume schweben leise gern,
In jenem Licht, das nie verlässt.

Die Meere flüstern leise Lieder,
Von Ferne, Sehnsucht, immer wieder,
Ein Schiff, das durch die Wellen schneidet,
Wo niemand je das Meer bereitet.

Horizonte, weit gespannt,
Ein Prometheus' Feuerband,
Ewigkeit in sanften Kreisen,
Auf der Suche, stets zu reisen.

Winde tragen sanft die Träume,
Durch die Räume, hohe Räume,
Im Unbekannten, fern zu Hause,
Wo das Herz sich leis' entblättern darf.

Erkenntnis wartet in der Ferne,
Strahlenlicht, das träumt so gerne,
Jenseits der Horizonte weit,
Wo der Mensch sich selbst befreit.

Illusionen im Wind

Der Wind flüstert alte Lieder,
Trägt Illusionen immer wieder,
Mal sanft, mal wild im heißen Tanz,
Ein endlos wirbelnd Herzenskranz.

Gedanken fliegen laut im Kreis,
Wo Wahrheit sich im Traum verheißt,
Ein Bild, das sich im Spiegel fängt,
Ein Seufzen, das nach Freiheit drängt.

Augenblicke, die sich heben,
In den Winden, die uns weben,
Vom Hier und Jetzt ins Nirgendsland,
Wo keiner Kette Bande fand.

Der Horizont sich weit eröffnet,
Ein Funken Hoffnung fest verknüpft,
Mit jedem Hauch, den wir ersehnen,
Ein Zauber, der die Seele lädt.

Illusionen, zart und flüchtig,
Vom Winde leicht und unvermittelt,
Träumen wir uns durch die Zeit,
In sanfter, endloser Zärtlichkeit.

Wolkenpuzzle

Wolken schweben sanft dahin,
Ein Puzzle, das nie endet,
Formen, die im Wind erklingen,
Die sich der Fantasie verbinden.

Schafe, Drachen, Flügel weit,
Gestalten, wie sie das Herz erfreut,
Ein Spiel des Himmels, so entflogen,
In den Lüften hoch, unbestritten.

Manch Gesicht, ein Traum erwacht,
In den Wolken zauberhaft,
Eine Welt, die sich entfaltet,
Und am Himmel sanft verhallt.

Ordnung in dem Chaos träumen,
Bilder, die sich leis' versäumen,
In den Formen, die vergehen,
Und die Gedanken sanft verwehen.

Ein Puzzle, das der Himmel bildet,
Vom Winde leise hingemalt,
Jeder Blick ein neues Rätsel,
Das die Seele tief befragt.

Himmelstreifen

Über den Himmel, ferne Weiten
Malen Farben, die uns leiten
Wolken ziehen weich und sacht
Durch die endlose, helle Nacht

Sonnenstrahlen, sanft und mild
Brechen durch das luftne Bild
Schimmern über Berg und Tal
Farbenfroh und wunderbar

Zarte Schleier leuchten rot
Boten einer neuen Not
Regenbogen, bunt und fein
Gießen Farben in den Schein

Nach dem Sturm, in klarer Sicht
Strahlt das Himmelsgesicht
Blau und rein, so unbeschwert
Lädt es uns zur Ruhe ein

In den Streifen, die sich zieh'n
Können Kinderträume flieh'n
Himmelsstreifen, bunt und weit
Öffnen Herzensseligkeit

Götterpfade

Hohe Berge, Gipfel klar
Wo die alten Götter war'n
Steigen Wanderer empor
Suchen dort den heiligen Chor

Pfad der Weisen, steinig, schwer
Führt durch Nebel, licht und leer
Alte Sagen rauschen hier
Von der Götter Macht und Zier

Himmelspforte, weit und breit
Durch sie geht die Ewigkeit
Riesenblicke, tiefer Schlaf
In der heiligen Götter Graf

Flammen tanzen, lichterloh
Über Wolken, fein und froh
Zeigen uns der Welt Geheim
In des Göttlich-Sternenschein

Folgen wir den Spuren dort
Dringt das Herz zum heil'gen Ort
Pfaden, die die Götter geh'n
Können Menschen träumend seh'n

Spiegelungen im Himmel

Wellen spielen, sanft und rein
Spiegelnd sich im Himmelsschein
Blaues Wasser, still und weit
Kleine Tänze, Zärtlichkeit

Sonnenlicht und Wolkenwand
Legen sich ans Himmelsband
Flimmernd, scherzend, taumelt Licht
Über Wasserfläch'ns Gesicht

Zauberhaft und zart es glüht
Ein Moment, der ewig blüht
In den Farben, die sich find'n
Alles spiegelt Tiefe sind

Stilles Wasser, klar und kühl
Himmelsstrahlen brechen viel
Malen doch in einer Pracht
Farben, Flimmelein der Nacht

Träume flüstern leis und sacht
Kommen in der Sterneacht
Spiegelungen schwebt empor
Sind sie nicht von dieser Flur

Königreich der Lüfte

Weite Flügel, stark und weit
Kreisen in der Lüfte Zeit
Hoch im Himmel, frei und klar
Vögel fliegen wunderbar

Unter Wolken, die so rein
Leuchten Sterne, silberfein
Sonnenstrahlen, früh im Licht
Streuen Glanz ins Angesicht

Adler zieht in luft'ger Höh
Sein Reich ist klar, tief und schön
Jeder Wind, der neben streift
Melodieen leise pfeift

Wolkenpfade, luftig, bunt
Heben hoch uns in den Schwung
Königreich der Lüfte frei
Folgt dem Ruf des Himmelsschrei

Fliegen, fliehen, frei und froh
Vergessen Not und Erdenloh
In dem Reich, das Lüfte webt
Freiheit ewiglich uns hebt

Himmelstreifen erzählen

Himmelstreifen erzählen Geschichten laut und leise,
Von Herzen, die einst flatterten auf einer Reise.
Im Dämmerlicht erscheinen Träume aus Licht,
Sternensilber verwebt das sanfte Gedicht.

Die Morgenröte kitzelt die Wolken so sacht,
Farben tanzen im Takt der erwachenden Nacht.
Ein Regenbogen flüstert von längst vergangener Zeit,
Wo Wünsche und Sehnsüchte treiben im Wind so weit.

Des Abends flackern die Sterne weithin,
Wie Botschaften von fern, so klar und rein.
Vom Himmel herab fallen Träume ganz still,
Himmelstreifen erzählen, was keiner will.

Nebel verschwindet, die Sonne erwacht,
Erhellt die Welt in leuchtender Pracht.
Doch im Herzen bleibt das Wissen zurück,
Dass Himmelstreifen erzählen vom Glück.

In der Ferne, wo Licht und Schatten sich neigen,
Verbergen sich Geheimnisse, die uns zeigen,
Dass jeder Sonnenuntergang eine Geschichte erzählt,
Und jeder neue Morgen ein Wunder enthält.

Aufzugsgenius

Im Aufzug steigt die Welt empor,
Jeder Stock, ein neues Tor.
Gesichter, die wir täglich sehen,
Blicke, die nie verwehen.

Ein Lächeln hier, ein Stirnrunzeln dort,
Menschen strömen durch den fort,
Kurz verweilt auf engem Raum,
Teilen schweigend manchen Traum.

Gesichter flüchtig im Spiegel erfasst,
Schicksale, die in Eile verblasst.
Ein genius wohnt in diesem Stahl,
Verbindet hoch und niedrig – einmal um einmal.

Flüsternde Geschichten in der Luft,
Tragen uns durch Zeit und Duft.
Jede Fahrt ein stiller Ritt,
Durch Tage, die man nie vergisst.

Vom Keller bis zum Himmelssaal,
Ein endlos Kreislauf, Raum und Zahl.
Aufzugsgenius, ein geheimer Pakt,
Der uns verbindet und fortan bewacht.

Gleichgewicht des Himmels

Sonnenstrahl und Mondenglanz,
Tanzen ihren alten Tanz,
Gleichgewicht im Himmelsreich,
Berge und Täler – alles gleich.

Wolken schweben, leicht und frei,
Vögel singen im Blau dabei.
Stille küsst den Horizont,
Wo Licht und Schatten sich vereint.

Sterne funkeln in der Nacht,
Ein leises Flüstern, das erwacht.
Gleichgewicht des Himmels glüht,
Wenn Tag zu Nacht sanft überzieht.

Regen fällt und Sonne scheint,
Natur und Mensch sind stets vereint.
Ein zarter Hauch von Ewigkeit,
Im Gleichgewicht, das uns befreit.

Lass uns träumen, in dieser Sphär,
Von Frieden, Freiheit, Glück und mehr.
Das Himmelsgleichgewicht besteht,
Wenn Mensch und Welt im Einklang geht.

Luftiger Horizont

Wolken ziehen, sanft wie Seide,
Führen uns auf weiter Reise.
Luftiger Horizont so weit,
Wo die Ewigkeit verweilt.

Vogelzüge malen Bahnen,
Unter Himmelsblauem Planen.
Fern der Sorgen, leicht und rein,
Wird die Seele vogelfrei.

Wind, der sanft die Haare streicht,
Flüstert von dem Ort, der reicht.
Berge, Täler, Wald und Flur,
Luftiger Horizont, Natur pur.

Die Sonne sinkt im Gold verhangen,
Hinter Horizonte, sanft und bannen.
Abendruhe kehrt nun ein,
Luftiger Horizont, so rein.

Sterne funkeln, nachts erwacht,
Das Himmelsdach in voller Pracht.
Luftiger Horizont, mein Traum,
Im weiten Himmel Raum und Saum.

Das Wolkenmeer

Weiß wie Schnee, am Horizont verwebt,
Endlos breit, wo sich die Sonne hebt.
Federleicht, sie ziehen sacht,
Flügel, die aus Träumen gemacht.

Sanfte Wogen, ohne Kluft und Zwang,
Ein stilles Schauern, wie ein zarter Klang.
Gedanken frei, weit über uns erheben,
Über Wolkenmeer, das stets im Schweben.

Goldene Strahlen tanzen dort,
Führen Licht an einen fernen Ort.
Jedes Bild ein kunstvolles Gemälde,
Himmel, der die Erde verhehle.

Wogen wandern, für immer nah und weit,
Die Schönheit flüchtig, die Zeit verweilt.
Ein Traum, ein Bild, ein Himmelsmeer,
Über Wolken fliegen, für immer mehr.

Luftige Pfade

Zwischen Himmel und Erde, so friedlich still,
Driftend im Wind, wohin sie will.
Geister der Lüfte, flüchtig und fein,
Ein Tanz in der Luft, so rein.

Pfade, die endlos an uns vorüberziehen,
Ewige Wege, die hoch am Himmel glühen.
Flüsse der Lüfte, ewig unstet,
Ein endloser Weg, der niemals vergeht.

Schier unsichtbar, doch immer da,
Ein Einfluss, der ist wunderbar.
Schwingend im Hauch des leichten Windes,
Eine Reise, wo niemand sie findet.

Hoch über Köpfen, im ätherischen Reich,
Ewige Pfade, silbrig und weich.
Wo Träume wandeln, frei und klar,
Im Tanz der Lüfte, wunderbar.

Himmelstanz

Wenn Wolken sich im Tanz vereinen,
Mit der Sonne auf Himmelsleinen.
Ein Suchspiel, fließend leicht,
Wo jeder Flügel Traum erreicht.

Farben mischen sich im Blau,
Ein Bild im himmlischen Tau.
Die Winde flüstern leise,
Von einer himmlischen Reise.

Schwingen der Lüfte, zart und fein,
Vereinen sich, ein Reigen sein.
Jeden Tag ein neues Bild,
Das der Himmel nie enthüllt.

Im Tanz befreit, so federweich,
Reine Freiheit, so himmelsgleich.
Wolken wirbeln, ein großes Fest,
Ein Tanz, der keinen zögern lässt.

Wolkenwege

Wolkenwege, sanft und klar,
Melodien vom Wind, wunderbar.
Schweben hoch durch Himmelsreiche,
Führen Träume, sanft und leichte.

Ein Pfad aus Licht und Wolkenweben,
Zieht dahin, ein stilles Streben.
Wo Himmelstraum und Erdendrang,
Sich treffen, im ewigen Klang.

Über Berge, über Tal,
Wo die Freiheit ohne Wahl.
Wolkenpfade, zart und still,
Führen uns, wo keiner will.

Hoch hinaus, ins endlose Blau,
Ein Weg, so fern und doch so nah.
Himmelsträume, ewig weit,
Wolkenwege, Zeit befreit.

Hinter den Sternen

Hinter den Sternen, so fern und weit,
Verbirgt sich eine geheimnisvolle Zeit,
Von Träumen aus Licht, so klar und rein,
Ein Universum, still und allein.

Jenseits des Himmels, in nächtlicher Pracht,
Tanzt das Unbekannte in ewiger Nacht,
Funkeln von Ewigkeiten in dunkler Glut,
In kosmischer Ferne liegt unser Mut.

Durchs All reisen, Gedanken so frei,
Schweben durch ein Sternenmeer, so neu,
Unendliche Weiten, Glanz und Schein,
In ihren Armen, da wollen wir sein.

Lichter flackern, ein kosmisches Spiel,
Ein Kaleidoskop in himmlischem Ziel,
Fliegen durch die Zeit, in schillerndem Raum,
Gefangen in einem galaktischen Traum.

Die Sterne als Zeugen der Ewigkeit,
Flüstern Geschichten aus and'rer Zeit,
Eine Reise der Seele, still und klar,
Hinter den Sternen, da sind wir da.

Galaktische Reise

Eine Reise beginnt im nächtlichen Raum,
Durch Galaxien, wie im schönsten Traum,
Staub und Licht, in Schleiern so fein,
Galaxien tanzen, so muss es sein.

Das Herz des Kosmos, funkelnd und klar,
Ein Mysterium, unendlich und star,
Schwebend durch Sphären, so leuchtend hell,
Ein Abenteuer, galaktisch und schnell.

Sterne, die wie Diamanten glüh'n,
In der Ferne Welten, die uns entflieh'n,
Durchs All ziehen, weit und kühn,
Zwischen Sternenstaub und Träumen hin.

Planeten, die im All singend kreisen,
In unerforschten Weiten und stillen Waisen,
In der Dunkelheit, ein Licht erscheint,
Galaktische Reise, wie schön es meint.

Kometen, die durch die Dunkelheit flieh'n,
Bahnen ziehen, wunderschön und kühn,
Unsere Reise prägt im Kosmos ein Spiel,
Galaktische Wunder, Ziel um Ziel.

Unberührte Höhen

Über den Wolken, so endlos und rein,
Erheben sich Höhen im Sonnenschein,
Ein Flug ins Blau, befreit und klar,
Unberührte Gipfel, fern und wahr.

Die Stille der Lüfte, ein sanftes Lied,
Ein Tanz der Freiheit, die nie versiegt,
Hinauf zu den Sternen, weit und groß,
Unberührte Höhen, still und los.

Von Bergen und Tälern weit entfernt,
In der Höhe, die Seele uns gehört,
Schwingen wir empor, fliegen so weit,
Unberührte Höhen, in Ewigkeit.

Der Himmel breitet uns Arme aus,
Im Flug entfalten wir unseren Genuss,
Ein schweben, ein gleiten, ohne Ziel,
Unberührte Freiheit, ein starkes Gefühl.

Ein Traum der Lüfte, unendlich sanft,
In Höhen, die die Zeit nicht kennt,
Unberührt und frei, so schweben wir,
Im Himmelsdome, in Frieden hier.

Zwischen den Stratosphären

Zwischen den Stratosphären, weit und still,
Schweben Träume, frei im Himmelsbild,
Ein Tanz der Wolken im Sonnenstrahl,
Ein Reich der Stille, endlos und zahl.

Die Leichtigkeit des Seins, so klar,
Im Fluge fühlen, wie wunderbar,
Ein gleiten, ein schweben durch Raum und Zeit,
Zwischen Stratosphären, weit und breit.

Wolken ziehen, formen still ihr Bild,
Ein Kunstwerk des Himmels, unentstellt,
Zwischen Welten, in Stille so rein,
Stratosphären-Träume, sie sind mein.

Jenseits der Sorgen, die Erde weit,
Zwischen den Lüften, in Seelenfreud,
Gleiten wir sanft, im blauen Raum,
Durch Stratosphären, im ewigen Traum.

Der Himmel, ein Meer aus Unendlichkeit,
Ein Tanz der Freiheit, so zart bereit,
Zwischen den Stratosphären, leicht und klar,
Schweben wir ewig, fern und nah.

Himmelsphantasie

In der Weite, fern und klar,
Träume schweben, wunderbar,
Funkelsterne in der Nacht,
Himmelsflügel, sanfte Macht.

Silberlichter, die sich drehn,
Zarte Träume, die bestehn,
Über Meeren, über Land,
Zauberhaft vom Firmament.

Nächte voller Magie,
Ein Stern, der nie verglüht,
Unendliches, was war,
Der Phantasie so nah.

Fliegender Glanz in der Luft,
Schwanentanz voller Duft,
Himmel so tief und weit,
Glanzvolle Ewigkeiten.

Des Abends Melodie,
Traum und Seine Symphonie,
Zweifel fallen, schwere Macht,
Himmelsphantasie erwacht.

Wandernde Gebilde

Wolken ziehen still vorbei,
Wanderer im Himmelsmeer,
Schattenspiele dabei,
Flüstern von der Ferne her.

Bleiche Riesen, leis und kühl,
Wolkenberge, groß und still,
Weißer Schleier, Schatten schwer,
Wandernde Gebilde, her.

Tanze Regen, Tropfen fein,
Wolken weinen, zart und rein,
Ziehen fort, verwehen schnell,
Glanz und Schein im Himmelsquell.

Farben träumen in die Nacht,
Sonne sinkt, der Tag erwacht,
Wolken ziehen, ohne Zeit,
Schatten, die verweilen breit.

Im großen Blau, ewig weit,
Ziehen Wolken seid'ne Kleider,
Flügel schlagen, Frei und leicht,
Himmelswege, voller Heiter.

Wolkenwege

Himmelspfade, klar und rein,
Wolkenwege sanft und fein,
Weiße Flügel ziehen weit,
Himmelsstraßen, sanfte Zeit.

Über Berge, über Tal,
Wolken wandeln ohne Qual,
Hoffen, Freuden, Seelentanz,
Wolkenwege, im Lichterschein.

Schweben, sachte segeln hin,
Wolken singen, leise Sinn,
Himmelsklänge voller Ruh,
Wolkenwege immerzu.

Blau und Weiß im Spiel vereint,
Wolken flüstern, was es meint,
Wege, die sich finden noch,
Ein Ziel, das keiner je verspricht.

Doch wir folgen, leise, sacht,
Wolkenwege voller Pracht,
Himmelspfade, dort am Ziel,
Frieden, den uns nur er bringt.

Unendliche Reise

Weit und endlos, ohne Ziel,
Nichts bleibt stehen, alles flieht,
Reisen, die sich selbst erfüllen,
Endlose Wege, nie zu stillen.

Wind im Haar und Sternenlicht,
Ferne Welten, weites Licht,
Jeder Schritt ein neuer Traum,
Niemals endend, unterm Baum.

Horizonte, grenzenlos,
Ewig blauer Himmelstoß,
Ewig wandern, ewig sein,
Unendliche Reise, so gemein.

Gefühle tief, das Herz so frei,
Kein Zurück, nur stetig sei,
Jeder Pfad ein neuer Weg,
Unendliche Reise, ohne Segen.

Doch im Herzen, tief und klar,
Wissen wir, was immer war,
Unendliche Reise durch die Zeit,
Träume, die uns ewig leit.

Leidenschaft im Himmel

Der Himmel ist ein weites Meer,
so fern und doch so nah uns hier.
In seinen Blau, da find ich Ruhe,
Wo Leidenschaft entflammt durch Kühle.

Die Sterne funkeln, weit entfernt,
Ein Licht, das unser Herz erwärmt.
Im nächtlich' Glanz, da spür ich's klar,
Hier oben wird der Traum wahr.

Die Wolken streichen sanft dahin,
durch Lüfte, die voll Frieden sind.
Im Schweigen dieser tiefen Nacht,
die Leidenschaft in uns erwacht.

Des Mondes Strahlen zart und mild,
ein Szenario, das uns erfüllt.
Im Himmelszelt, da strahlt das Licht,
ein Zeichen unsrer Zweisamkeit.

So leuchtet uns der Himmel vor,
zeigt uns, was wir verloren.
In Leidenschaft und stiller Nacht,
haben wir den Weg gemacht.

Sehnsucht nach Freiheit

Im Herzen tobt ein stummer Schrei,
nach Freiheit, ungebunden frei.
Gefangen in des Alltags Zwang,
träumen wir von Freudentanz.

Die Seele wandert weit hinaus,
durch Sturm und Wind, aus dem Haus.
Als Vögel, die dem Nest entfloh'n,
umarmen wir den Weltenraum.

Die Berge rufen laut und klar,
Zu fernsten Stränd', so wunderbar.
In Freiheit suchen wir das Glück,
schauen nie zurück auf das Stück.

Das Meer, es rauscht in unserem Ohr,
verlockt uns mit dem fernen Tor.
Der Sehnsucht Ruf, so klar und rein,
Wir wollen ewig wandernd sein.

Im freien Leben, ohne Last,
da finden wir den neuen Rast.
Die Sehnsucht treibt uns, führt uns fort,
in Freiheit finden wir uns dort.

Über den Wolken

Über den Wolken, weit und rein,
will ich für immer mit dir sein.
Der Himmel blau, die Freiheit groß,
im Herzen tragen wir das Los.

Das Sternenmeer, so endlos weit,
birgt unser' Träume, unser' Zeit.
Hier oben, wo die Lüfte wehn,
kann Hoffnung wie ein Segel stehn.

Die Wolken tragen uns empor,
entzückend wie ein Engelschor.
Über den Wolken, leicht und frei,
verliert sich alle Erdenschwellerei.

Ein Zauber liegt in dieser Ruh,
wenn wir in's Himmelszelt entschuhn.
Der Tag vergeht, die Nacht erwacht,
wir träumen zusammen mit Bedacht.

In Höhen, wo das Licht sich bricht,
finden wir unser wahres Gesicht.
Über den Wolken, Hand in Hand,
erreichen wir das schöne Land.

Der Wolkentanz

Die Wolken tanzen sanft dahin,
bewegen sich im Spiel der Winden.
Ein Tanz so leicht, wie weiche Flügel,
zärtlich wie ein Himmelsiegel.

Sie formen Bilder in der Luft,
verwandeln sich in Nebelschrift.
Erzählen Märchen, alte Weisen,
in einem stummen, stillen Kreisen.

Der Sonnenstrahl durchdringt das Weiß,
in Farben, die das Herz befrei'n.
Ein Wogen, Schweben, leicht und fein,
der Wolkentanz, er lädt uns ein.

Am Horizont verschwimmen Träume,
die Wolken tanzen, voll von Schäume.
Ein Wirbeln, Drehen ohne Rast,
das Leben, das man nie verpasst.

Die Wolken tanzen weit und breit,
in einer endlos, klaren Zeit.
Ein Himmelsballett, voller Pracht,
das uns in seinen Bann gebracht.

Milton Keynes UK
Ingram Content Group UK Ltd.
UKHW051927170624
444209UK00004B/17